Miriam und Marten Meisterernst

Mein tolles Ferienheft Deutsch

Fit für die 5. Klasse

Mit Lösungsteil

Cornelsen
SCRIPTOR

Die Autoren:
Miriam Meisterernst unterrichtet Deutsch an einer Grundschule in Essen.
Marten Meisterernst ist Lehrer an einem Gymnasium in Velbert.

www.cornelsen.de

Bibliografische Information: Die Deutsche Bibliothek verzeichnet diese Publikation in der Deutschen Nationalbibliografie; detaillierte bibliografische Daten sind im Internet über http://dnb.ddb.de abrufbar.

Dieser Band folgt den Regeln der deutschen Rechtschreibung, die seit August 2006 gelten.

1. Auflage 2010

Projektleitung: Stefan Giertzsch, Berlin
Redaktion: Doreen Wilke, Berlin
Gesamtgestaltung: Lennart & Rainer J. Fischer, Berlin
Satz, Layout und Illustrationen: Rainer J. Fischer, Berlin
Druck und Bindearbeiten: Saaledruck Naumburg GmbH
Printed in Germany
ISBN 978-3-589-23091-4

Gedruckt auf säurefreiem Papier,
umweltschonend hergestellt aus chlorfrei gebleichten Faserstoffen.

Inhalt

1 Lies den folgenden Text über Deutschland mehrmals aufmerksam durch.

Die Bundesrepublik Deutschland besteht aus 16 ziemlich unterschiedlichen Bundesländern. Auch die Landschaften und die Menschen unterscheiden sich sehr voneinander. So begrüßen sich in Norddeutschland die Leute mit den Worten „Moin, Moin", was so viel heißt wie „Ich wünsche dir einen schönen Tag!", und das Land ist sehr flach. Das Meer schwappt hier an die Ufer der Küste, während es in der Mitte von Deutschland deutlich hügeliger wird und man im Süden große Gebirge sieht. Hier hört man bei der Begrüßung ein „Griass God", was im übertragenen Sinn „Gott segne dich" bedeutet. Jedes der 16 Bundesländer hat seine eigene Landesregierung. Sie entscheidet über vieles, was in ihrem Bundesland passiert. Also zum Beispiel darüber, was in den Schulen gelernt werden soll. Deshalb kann es da auch von Bundesland zu Bundesland Unterschiede geben. Außerdem gibt es für jedes Bundesland ein eigenes Wappen, auf dem meist Symbole für einzelne Regionen oder die Geschichte des Bundeslandes dargestellt werden. So ist zum Beispiel der Hintergrund des Wappens von Baden-Württemberg gelb, und im Vordergrund sieht man drei schwarze Löwen. Sie sind das Zeichen der Staufer, eines alten, mächtigen Adelsgeschlechts, das im Mittelalter in Europa herrschte und dessen Stammburg Hohenstaufen man noch heute in Göppingen sehen kann. Die Bundesregierung hat ihren Sitz in Deutschlands Hauptstadt Berlin. Sie kümmert sich um Dinge, die alle Bürger in Deutschland betreffen. Dazu gehört zum Beispiel der Kontakt zu anderen Ländern, also die Außenpolitik. Natürlich hat auch die Bundesrepublik Deutschland ein eigenes Wappen. Es ist ein Adler, der in den Farben der Nationalflagge Schwarz, Rot und Gold gestaltet ist. Schnabel, Zunge, Krallen und Beine dieses Adlers sind rot, Körper und Flügel schwarz, das Auge allerdings weiß. Er ist auf einem goldenen Hintergrund abgebildet. Der Adler ist eines der ältesten Wappensymbole der Welt. Er gilt als König der Lüfte und steht für Mut und Kraft. Schon um das Jahr 800 nach Christus benutzte ihn Kaiser Karl der Große als Zeichen seiner Macht. Auch wenn die Machthaber im Gebiet des heutigen Deutschlands seitdem noch oft wechselten, ist er doch bis heute das Wappentier Deutschlands geblieben.

2 **Lies den Text über Deutschland ein weiteres Mal und unterstreiche alle Informationen, die du über die Wappen von Baden-Württemberg und der Bundesrepublik Deutschland findest.**
Male dann die beiden Wappen in den richtigen Farben aus.

3 **Löse das Kreuzworträtsel.**

1. Deutschland besteht aus sechzehn … **2.** Im Süden sieht man große … **3.** Der Adler steht für Kraft und … **4.** Die bayerische Begrüßung bedeutet … **5.** Der Adler ist eines der ältesten … **6.** Norddeutschland ist sehr … **7.** Jede Landesregierung entscheidet, was in den … gelernt werden soll **8.** Die Hauptstadt von Deutschland heißt … **9.** Jedes Bundesland hat eine … **10.** Die Norddeutschen begrüßen sich mit … **11.** Die Staufer waren ein mächtiges …

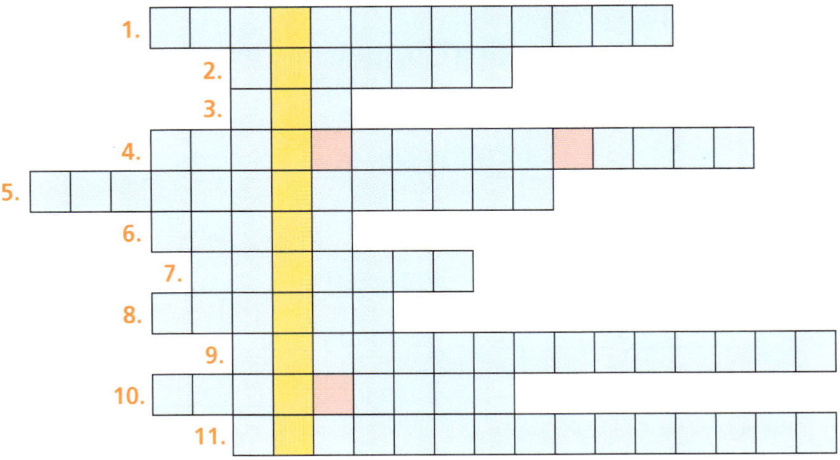

Nomenendungen

1 **Verbinde die angegebenen Verben und Adjektive mit den Endungen -ung, -heit, -keit, -tion, -nis oder -schaft.**
Schreibe die entstandenen Nomen mit dem richtigen Artikel auf die Linien dahinter.
Achtung! Nomen schreibt man groß.

erzählen	-nis	______
bedrohen	-tion	______
aufregen	-ung	die Erzählung
erlauben	-nis	______
konzentrieren	-ung	______
ereignen	-ung	______

finster	-heit	______
gesund	-schaft	______
heimlich	-nis	die Finsternis
hilfsbereit	-nis	______
reich	-keit	______
geheim	-heit	______
dunkel	-tum	______

2 **Bei den folgenden Wörtern sind Verben und Adjektive mit den falschen Endungen zusammengesetzt worden.**
Wie müssen die Wörter richtig heißen? Schreibe sie auf die Linien dahinter.

Renovierheit	______	Erlebung	______
Sicherschaft	______	Freiung	______
Freundlichung	______	Begeisterheit	______
Wanderheit	______	Verständung	______
Mischnis	______	Entspannnis	______
Hilfsbereitung	______		

3 **Du brauchst nun die Wörter aus Aufgabe 2, die du verbessert hast. Setze sie in die passenden Stellen im folgenden Lückentext.**

Liebe Kinder,

nach der grundlegenden ________________ unserer Attraktionen wird euch ein Besuch in unserem Park in noch größere ________________ versetzen! Auf rund 16 Hektar Fläche findet garantiert jeder die richtige ____________ aus Abenteuer, __________ und ______________. Alle 300 Einzelspielgeräte sowie die geführte ______________ über den Naturlehrpfad sind jetzt im Preis inbegriffen. Genießt die neue ________________! Die Mitarbeiter in unserem Team begegnen jedem kleinen und großen Gast mit ________________ und ________________ und haben ______________ für jeden Extrawunsch. Besucht uns und ihr werdet mit ________________ nicht wieder gehen wollen.

4 **In diesem Wörterversteck findest du 7 Wörter mit Nomenendungen. Suche sie und markiere sie mit einem Buntstift in einer Farbe deiner Wahl.**

W	R	E	F	T	Z	U	I	A	P	O	Ü	Ä
Z	U	F	R	I	E	D	E	N	H	E	I	T
S	D	T	E	F	G	H	N	J	L	Ö	K	M
P	S	A	U	D	F	G	H	K	L	M	N	K
R	B	A	N	M	E	L	D	U	N	G	B	L
Ü	A	U	D	T	R	N	T	R	E	N	V	A
F	S	E	S	V	G	H	G	T	F	U	C	R
U	D	W	C	N	E	N	R	L	B	N	X	H
N	F	R	H	G	B	M	E	P	G	H	Y	E
G	T	T	A	F	N	R	D	H	H	O	S	I
E	R	F	F	D	I	E	S	N	M	W	A	T
R	A	E	T	A	S	W	A	U	K	T	E	R

5 **Welches Wort mit einer Nomenendung gehört in den folgenden Witz?**

Der Diener Berthold öffnet dem alten, schwerhörigen Grafen die Tür.

Zur ____________________ sagt er: „Na, alter Knacker, wieder im Wirtshaus gewesen?“ „Nein, Berthold, in der Stadt gewesen, Hörgerät gekauft.“

Das Alphabet beherrschen

1 **In diesem Alphabet fehlen 6 Buchstaben. Finde heraus, welche es sind, und bilde aus ihnen das Lösungswort.**

A	B	C	D	F	G	H	J	K	L
M	N	O	Q	R	U	V	W	X	Y

Fehlende Buchstaben: ____ ____ ____ ____ ____ ____

Lösungswort: ____ ____ ____ ____ ____ ____

2 **Überprüfe, wie gut du das Alphabet beherrschst. Schreibe jeweils die Vorgänger und die Nachfolger vor bzw. hinter die angegebenen Buchstaben.**

__c__ __d__ __e__ __f__ _____ __t__ _____ _____

_____ _____ __k__ _____ _____ _____ __g__ _____

_____ __o__ _____ _____ _____ _____ __x__ _____

3 **In der folgenden Übersicht stehen die Namen der 16 deutschen Bundesländer. Schreibe sie auf der nächsten Seite in alphabetischer Reihenfolge untereinander.**

Saarland
Niedersachsen
Nordrhein-Westfalen
Bremen
Baden-Württemberg
Hamburg
Sachsen
Schleswig-Holstein
Sachsen-Anhalt
Rheinland-Pfalz
Berlin
Bayern
Mecklenburg-Vorpommern
Hessen
Thüringen
Brandenburg

4 **Jedes Bundesland hat auch eine Hauptstadt. In der Übersicht stehen alle diese Hauptstädte. Ordne sie ebenfalls alphabetisch und schreibe sie auf die Linien auf der folgenden Seite.**

Saarbrücken
München
Magdeburg
Stuttgart
Erfurt
Dresden
Potsdam
Düsseldorf
Hannover
Wiesbaden
Kiel
Schwerin
Mainz

Bundesländer | **Hauptstädte**

1. ______ | Berlin ______
2. ______ | Bremen ______
3. ______ | ______
4. ______ | ______
5. ______ | ______
6. ______ | Hamburg ______
7. ______ | ______
8. ______ | ______
9. ______ | ______
10. ______ | ______
11. ______ | ______
12. ______ | ______
13. ______ | ______
14. ______ | ______
15. ______ | ______
16. ______ | ______

Hinweis: An den Linien kannst du nun ablesen, welche Hauptstadt zu welchem Bundesland gehört. Bestimmt ist dir aufgefallen, dass Berlin, Bremen und Hamburg keine eigenen Hauptstädte haben. Das liegt daran, dass es sich um sogenannte Stadtstaaten handelt. Sie sind sehr klein und besitzen um die Stadt herum keine weitere Fläche.

5 Bei der folgenden Frage sind alle Wörter nach dem Alphabet sortiert. Bringe sie in die richtige Reihenfolge.

Bayern, Brandenburg, es, in, in, mehr, oder, regnet, Wo – ?

______

______

Über das Wetter berichten

1 **Hier siehst du Begriffe und Symbole, mit denen man das Wetter beschreibt. Schreibe unter jedes Symbol den passenden Begriff.**

Nebel | stark bewölkt | sonnig | Gewitter | Schauer | Regen | leicht bewölkt

_________ _________ _________ _________ _________ _________ _________

_________ _________ _________ _________ _________ _________ _________

2 **Sieh dir die Deutschlandwetterkarte genau an. An den Symbolen erkennst du, wie das Wetter in den einzelnen Bundesländern ist. Fülle nun die Lückentexte auf der nächsten Seite mit den passenden Begriffen.**

Deutschland heute

Norden Vor allem im Westen Niedersachsens und in Schleswig-Holstein gibt es heftigen ____________ und teilweise ____________ . In Mecklenburg-Vorpommern ist es meist trocken und oft ____________. Die Höchstwerte liegen bei _____ bis _______Grad.

Westen In Nordrhein-Westfalenund Hessen ist es __________ __________ und zeitweise gibt es teils kräftigen ____________. Örtlich sind Sturmböen zu befürchten. In kurzen ____________ Abschnitten werden nachmittags ______ bis _______ Grad gemessen.

Osten Hier ist es höchstens _________ ____________ und vor allem in Berlin recht ____________ und meist trocken. Nur in Teilen Sachsen-Anhalts und Thüringens bilden sich einzelne ____________ oder ____________. Die Temperaturen erreichen ______ bis ______ Grad.

Süden Während es in Baden-Württemberg nur __________ __________ ist, kommt es in Bayern zu teils gewittrigen __________ güssen. Die Temperaturen erreichen am Nachmittag _______ bis _______ Grad.

3 **Ein Wetterbericht ist immer sachlich, das heißt, Gefühle oder Meinungen tauchen hier nicht auf. In den folgenden Wetterbericht haben sich einige Sätze eingeschlichen, die nicht hineingehören. Streiche diese Sätze mit dem Lineal und einem schwarzen Stift durch.**

Das Hoch „Emil" weitet sich von den Azoren über Frankreich bis ins westliche Mitteleuropa aus. Deshalb freuen wir uns sehr, Ihnen heute ein tolles Sommerwetter vorhersagen zu können. Der Tag beginnt freundlich und schon in den frühen Morgenstunden mit Sonnenschein. Das ist doch wohl echt klasse, oder? Nur stellenweise bilden sich ein paar Quellwolken, die sich aber im Verlauf des Vormittags auflösen. Nachmittag und Abend zeigen sich wolkenlos, die Temperaturen steigen von 15 auf 28 Grad. Der Wind weht schwach aus Südwest. Also sollten Sie Ihre Badesachen packen, und dann ab zum Schwimmen! Auch morgen bleibt es sommerlich warm. Der Sonntag bringt dann schließlich Sonne, Wolken, Schauer und Gewitter bei 24 Grad. Es kann halt nicht immer nur schön sein. Am Montag ist es wechselhaft bei nur noch 21 Grad. Es tut uns im Übrigen sehr leid, dass unsere Vorhersage von gestern nicht stimmte. Heute machen wir es besser.

Nomen erkennen

1 **Male alle Kästen, die richtige Informationen über Nomen enthalten, mit einem hellblauen Buntstift an. Streiche alle falschen Informationen durch.**

Nomen haben einen Artikel.

Nomen beschreiben etwas, das man haben oder erleben kann (z. B. Glück).

Nomen heißen auch Namenwörter oder Substantive.

Nomen beschreiben, wie etwas ist.

Nomen können durch Pronomen ersetzt werden.

Nomen gibt es in verschiedenen Zeitformen.

Nomen können eine Nomenendung (-heit, -keit, -ung, -nis, -tum, -schaft oder -tion) haben.

Nomen beschreiben etwas, das man anfassen oder sehen kann.

~~*Nomen schreibt man klein.*~~

Nomen beschreiben, was jemand tut.

Nomen kann man steigern.

2 **Im folgenden Wörterversteck findest du 10 weitere Wörter. Die meisten, aber nicht alle, sind Nomen. Markiere alle Wörter mit einem farbigen Buntstift und schreibe sie in die Tabelle auf der nächsten Seite.**

A	S	D	F	G	H	J	S	P	A	ß	S	K
S	T	R	A	N	D	K	O	R	B	L	C	Q
O	W	E	R	Z	T	U	N	I	O	P	H	Y
N	X	B	C	V	B	N	N	M	A	S	W	S
N	D	M	U	S	C	H	E	L	D	F	I	G
I	H	J	K	D	L	W	E	T	R	N	M	T
G	U	I	O	P	D	M	B	N	B	M	M	A
S	D	F	G	H	J	E	K	E	L	E	E	R
S	C	H	A	U	F	E	L	T	U	I	N	O
P	B	N	M	X	A	R	S	N	D	F	G	H
A	B	E	N	T	E	U	E	R	T	R	L	K

3 **Untersuche, welche der gefundenen Wörter Nomen sind. Welche der vier Fragen passen? Mache ein Häkchen in den entsprechenden Spalten der Tabelle. Trage bei allen Nomen auch den richtigen Artikel ein.**

Wort	Kann ich es anfassen/ sehen?	Kann ich es haben/ erleben?	Hat das Wort eine Nomen-endung?	Kann ich einen Arti-kel davor-setzen?	Nomen ja/nein
Meer	✓			✓ das	ja

4 **Im folgenden Witz sind alle Wörter großgeschrieben. Unterstreiche die Nomen mit einem farbigen Stift.**

Tipp: Falls du dir nicht sicher bist, schau noch einmal in Aufgabe 3 nach, woran du Nomen erkennen kannst.

EINE MAUS UND EIN ELEFANT SIND AM BADESTRAND. DER ELEFANT STEIGT ZUERST INS WASSER UND STRAHLT VOR FREUDE, ALS ER IN DEN WELLEN PLANTSCHT. WÄHRENDDESSEN RENNT DIE KLEINE MAUS AUFGEREGT AM UFER AUF UND AB UND RUFT DEN ELEFANTEN MIT IHRER PIEPSSTIMME: SCHWERFÄLLIG TRABT DAS GROßE TIER AN LAND. „WAS SOLL DENN DIE AUFREGUNG?", FRAGT ER DIE MAUS. „ACH, ALLES IN ORDNUNG", ANTWORTET DIE MAUS. „DU KANNST WIEDER INS MEER GEHEN. ICH WOLLTE NUR KONTROLLIEREN, OB DU VIELLEICHT MEINE BADEHOSE ANHAST."

Verben

1 Bilde die jeweils richtigen Personalformen und trage sie in die Tabelle ein. Die Buchstaben auf den Zahlen sagen dir, worum es auf diesen beiden Seiten geht.

Grundform		wandern	____8_		_____9
ich		_____4_			fahre
du	gehst				__2___
er/sie/es	___1		fühlt		
wir		wandern		_5____	fahren
ihr	geht	__6____			
sie	7____		_3____	singen	

1	2	3	4	5	6	7	8	9

2 Setze die Verben in der geforderten Zeitform in die Lücken des Textes.

Du ______________ (**gehen** – *Präsens*) gerne auf Schatzsuche? Dann ____________ (**sein** – *Präsens*) das Bundesland Thüringen ein heißer Tipp für dich. Wenn du Glück hast, _______________ (**finden** – *Präsens*) du in den Bächen nahe der Orte Schwarza und Katzhütte echtes Gold. Meistens ______________ (**sieben** – *Präsens*) die Schatzsucher mit ihren Schüsseln aber nur kleine Goldkrümel aus dem Wasser. Im Jahr 2004 aber ______________ (**haben** – *Präteritum*) ein Mann Glück. Er ____________ (**finden** – *Präteritum*) bei einem Spaziergang ein fast 10 Gramm schweres Stück Gold. Das ________________ (**entsprechen** – *Präsens*) in der Größe etwa einer 1-Cent-Münze. Seit 200 Jahren ____________ (**geben** – *Präteritum*) es in Deutschland keinen größeren Goldfund als diesen. Aber wer __________ (**wissen** – *Präsens*)? Vielleicht ____________ (**haben** – *Zukunft*) du als nächster Schatzsucher Erfolg ____________?

3 **Untersuche bei jedem der folgenden Verben, in welcher Zeitform es steht. Dann kannst du unten die Felder des Thüringer Wappens mit der gleichen Nummer in der richtigen Farbe anmalen.**

Male die Felder folgendermaßen aus:

- mit **Rot** die Felder aller Gegenwartsformen (Präsens),
- mit **Silber** die Felder der kurzen Vergangenheit (Präteritum),
- mit **Blau** die Felder aller Formen der Zukunft (Futur),
- mit **Gold** die Felder zu den langen Vergangenheitsformen (Perfekt).

Beispiel: Das Verb bei Nummer 1 steht in der langen Vergangenheit. Also musst du in dem unten abgebildeten Wappen die Felder mit der 1 golden ausmalen.

1. du hast gelernt
2. er sah
3. ich spiele
4. ihr werdet tanzen
5. du suchtest
6. wir haben gelacht
7. wir werden gewinnen
8. er wird fahren
9. sie weinen
10. ihr fandet
11. sie sind geklettert
12. du singst
13. sie werden reiten
14. wir schwammen
15. ihr vergesst
16. ihr seid gewandert
17. ich werde gehen
18. sie ging
19. ich habe gegessen
20. es wird gelingen

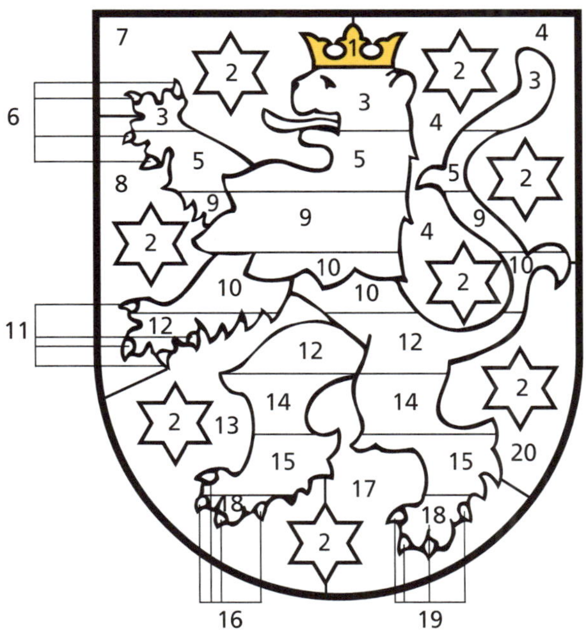

Arbeit mit dem Wörterbuch

1 **Wie du weißt, findest du Verben im Wörterbuch immer im Infinitiv (der Grundform). Unterstreiche in dem folgenden Witz die Verben, schreibe sie auf die Linien und setze sie in die Grundform.**

Eine Flugbegleiterin schenkt den Passagieren vor dem Start des Flugzeugs Kaugummis. Melvin fragt verwundert: „Was bringt das?" Die Flugbegleiterin antwortet: „Das hilft, den Druck in den Ohren zu lindern." Nach der Landung erkundigt sich Melvin: „Und wie bekomme ich jetzt die Kaugummis aus den Ohren wieder heraus?"

schenkt	→	*schenken*	________	→	________
________	→	________	________	→	________
________	→	________	________	→	________
________	→	________	________	→	________

2 **Nomen stehen im Wörterbuch immer im Singular (Einzahl). Suche aus dem folgenden Witz die Nomen heraus, schreibe sie auf die Linien und setze sie in die Einzahl bzw. in die Mehrzahl (Plural).**

Bei einem Flug fragt ein Passagier erstaunt die Flugbegleiterin: „Ich wundere mich sehr. Die Menschen da unten sehen so klein wie Würmer aus. Wie hoch über dem Boden fliegen wir denn schon?" Die Frau antwortet ihm: „Genau zwei Meter – und es sind Würmer."

der Flug	→	*die Flüge*	________	→	________
________	→	________	________	→	________
________	→	________	________	→	________
________	→	________	________	→	________

3 **Zusammengesetzte Nomen musst du zunächst zerlegen und dann einzeln nachschlagen. Zerlege die folgenden Nomen in einzelne Wörter.**

Flugreise = ________________ + ________________

Startbahn = ________________ + ________________

Gepäckwagen = ________________ + ________________

Fensterplatz = ________________ + ________________

4 **Hier siehst du eine Seite aus einem Wörterbuch und verschiedene Wörter links daneben. Kontrolliere mithilfe der Wörterbuchseite die Schreibweise dieser Wörter. Streiche falsch geschriebene Wörter durch und verbinde richtig geschriebene Wörter mit dem entsprechenden Wort im Wörterbuch.**

~~die Verrenckung~~

verraten

verrahten

verrükkt

verreihsen

das Versäumnis

verschieden

verschwänderisch

sie verschwant

verschwinden

der Versant

sie versöhnen sich

die Verspätung

verständlich

verstauchen

verstecken

sie veriet

sie verriet

veraten

verrenken

der Verrückte

Vereisen

sie verreiste

sie verseumte

verschihden

wir verschvenden

verschwänderig

aus versehen

versänden

er versicherte

sie verspätette sich

verspäten

der Verstannd

das Versprechen

das Verstek

verraten, er verriet,
der Verrat, der Verräter
verreisen, sie verreiste
verrenken, er verrenkte,
die Verrenkung
verrückt, der Verrückte
der Vers, die Verse
versäumen, sie versäumte.
das Versäumnis
verschieden
verschwenden,
er verschwendete,
die Verschwendung,
verschwenderisch
verschwinden, sie verschwand, verschwunden
das Versehen, aus Versehen
versenden, der Versand
versetzen, die Versetzung
versichern, sie versicherte,
die Versicherung
versöhnen,
sie versöhnten sich
verspäten,
er verspätete sich,
die Verspätung
versprechen
das Versprechen
der Verstand, das Verständnis,
verständlich
verstauchen,
er verstauchte
verstecken, das Versteck

Subjekt und Prädikat

1 **Trenne die Satzglieder mit Strichen ab.
Stelle die Sätze dann jeweils einmal um.**

a) Mitten in Nordrhein-Westfalen liegt das Ruhrgebiet.

____

b) Im Ruhrgebiet gab es früher viele Bergwerke und Zechen.

____

c) Heute werden viele Zechen zu Museen, Theatern und Freizeitparks umgebaut.

____

2 **Was ist ein Subjekt, was ein Prädikat?
Male alle Kästen mit einem roten Buntstift an, die dir etwas über Subjekte sagen. Färbe alle Kästen blau, die dir etwas über Prädikate sagen.
Streiche Kästen mit Informationen, die nichts über Subjekte oder Prädikate sagen, durch.**

Ich frage: „Wem?“	Ich frage: „Was geschieht?“	Das … ist ein Nomen oder Pronomen.
Das … ist immer ein Verb.	Subjekt	Das … steht bei Fragen am Satzanfang.
Ich frage: „Wer oder was?“	Prädikat	Das … ist immer ein Adjektiv.

3 **In den folgenden Sätzen fehlen die Subjekte und die Prädikate.
Trage beides in die richtigen Lücken ein.
Dann markiere alle Subjekte blau, alle Prädikate rot.**

wir verdanken — Der Sage nach ____________ ______
die Entdeckung der Steinkohle einem Jungen.

dieser Junge hütete — ________ ____________ ____________
die Schafe seiner Familie.

die Schafe gruben — ______ ____________ ________________
ein paar schwarze Steine aus.

er entfachte — Weil es sehr kalt war, ______________________ ________ ein Lagerfeuer.

der junge Hirte — Abends löschte ______ ______________ _____________ das Feuer, indem er ein paar der gefundenen Steine darauflegte.

das Feuer glühte — Am nächsten Morgen _______________ _____ ___________ zu seiner großen Überraschung immer noch.

der Junge hatte entdeckt — So _________ ______ __________________ die Steinkohle _____________________ .

4 **Heute bist du einmal der Lehrer. Lies dir die folgenden Sätze gut durch. Marvin hatte in der Schule die Aufgabe, jeweils die Subjekte blau und die Prädikate rot zu markieren. Dabei sind ihm einige Fehler unterlaufen. Kreuze in der Tabelle neben den Sätzen an, was richtig und was falsch ist.**

	Subjekt		Prädikat	
	richtig	falsch	richtig	falsch
1. Das Wappen von Nordrhein-Westfalen zeigt einen Fluss (den Rhein), ein springendes Pferd (das Westfalen-Ross) und die sogenannte lippische Rose.	☒	☐	☐	☒
2. Das Wappen wirkt sehr harmonisch.	☐	☐	☐	☐
3. Der Schein trügt aber.	☐	☐	☐	☐
4. Westfalen unterscheiden sich nämlich angeblich sehr von den Rheinländern.	☐	☐	☐	☐
5. Der Westfale gilt als pünktlich, zuverlässig, langsam und humorlos.	☐	☐	☐	☐
6. Dagegen zeichnet sich der Rheinländer angeblich durch Frohsinn, Unstetigkeit und Leichtlebigkeit aus.	☐	☐	☐	☐
7. Trotzdem fügten die britischen Besatzer die Gegensätze 1946 zu einem Bundesland zusammen.	☐	☐	☐	☐
8. Die Vereinigung erfolgte also nicht freiwillig.	☐	☐	☐	☐
9. Mittlerweile mögen die Menschen aber „ihr" NRW.	☐	☐	☐	☐

5 **Welche Note würdest du Marvin für seine Bearbeitung geben? Schreibe sie auf die Linie.**

____

Adjektive

1 Im folgenden Wörterversteck findest du 10 weitere Adjektive. Suche sie in senkrechter, waagerechter und diagonaler Richtung und markiere sie mit einem roten Buntstift.

E	R	G	R	O	ß	S	T	U	W	E	I	T
P	W	A	S	L	D	F	C	G	H	J	K	O
T	I	B	F	L	I	S	C	H	N	E	L	L
I	L	A	U	T	A	E	H	K	Ö	L	E	A
E	D	N	M	T	M	G	B	Z	R	N	I	N
F	S	Ä	N	G	S	T	L	I	C	H	N	G

2 Adjektive kann man steigern. Übertrage vier Adjektive deiner Wahl aus Aufgabe 1 in die Tabelle und bilde jeweils den Komparativ (erste Steigerungsstufe) und den Superlativ (zweite Steigerungsstufe).

tief	tiefer	am tiefsten

3 Suche die Gegensätze der folgenden Adjektive.

hell – ____dunkel____________ hungrig – ____________________

arm – ____________________ dünn – ____________________

sauber – ____________________ alt – ____________________

4 Setze die folgenden Adjektive an die passenden Stellen des Witzes. Dabei musst du manchmal noch die richtige Endung anhängen.

neu – praktisch – überrascht – hilfsbereit

Der ____________________ Bauer Huber sagt zu seinem ____________________ Urlaubsgast: „Bei uns wird man morgens vom Hahn geweckt." Der Gast ist ____________________ und entgegnet: „Das ist ja ____________________. Dann stellen Sie ihn bitte auf halb zehn."

Lösungsheft Deutsch

Fit für die 5. Klasse

Texte lesen und verstehen 1

2

3

Deutschland besteht aus sechzehn **Bundesländern**. Im Süden sieht man große **Gebirge**. Der Adler steht für Kraft und **Mut**. Die bayerische Begrüßung bedeutet **„Gott segne dich"**. Der Adler ist eines der ältesten **Wappensymbole**. Norddeutschland ist sehr **flach**. Jede Landesregierung entscheidet, was in den **Schulen** gelernt werden soll. Die Hauptstadt von Deutschland heißt **Berlin**. Jedes Bundesland hat eine **Landesregierung**. Die Norddeutschen begrüßen sich mit **„Moin, Moin"**. Die Staufer waren ein mächtiges **Adelsgeschlecht.**

Nomenendungen

1

erzählen	-nis	die Erlaubnis
bedrohen	-tion	die Konzentration
aufregen	-ung	die Erzählung
erlauben	-nis	das Ereignis
konzentrieren	-ung	die Bedrohung
ereignen	-ung	die Aufregung
finster	-heit	die Gesundheit
gesund	-schaft	die Hilfsbereitschaft
heimlich	-nis	die Finsternis
hilfsbereit	-nis	das Geheimnis
reich	-keit	die Heimlichkeit
geheim	-heit	die Dunkelheit
dunkel	-tum	der Reichtum

2

Renovierheit → Renovierung, **Erlebung** → Erlebnis, **Sicherschaft** → Sicherheit, **Freiung** → Freiheit, **Freundlichung** → Freundlichkeit, **Begeisterheit** → Begeisterung, **Wanderheit** → Wanderung, **Verständung** → Verständnis, **Mischnis** → Mischung, **Entspannnis** → Entspannung, **Hilfsbereitung** → Hilfsbereitschaft

3

Liebe Kinder, nach der grundlegenden **Renovierung** unserer Attraktionen wird euch ein Besuch in unserem Park in noch größere **Begeisterung** versetzen! Auf rund 16 Hektar Fläche findet garantiert jeder die richtige **Mischung** aus Abenteuer, **Erlebnis** und **Entspannung**. Alle 300 Einzelspielgeräte sowie die geführte **Wanderung** über den Naturlehrpfad sind jetzt im Preis inbegriffen. Genießt die neue **Freiheit**! Die Mitarbeiter in unserem Team begegnen jedem kleinen und großen Gast mit **Freundlichkeit** und **Hilfsbereitschaft** und haben **Verständnis** für jeden Extrawunsch. Besucht uns und ihr werdet mit **Sicherheit** nicht wieder gehen wollen.

4

W	R	E	F	T	Z	U	I	A	P	O	Ü	Ä
Z	U	F	R	I	E	D	E	N	H	E	I	T
S	D	T	E	F	G	H	N	J	L	Ö	K	M
P	S	A	U	D	F	G	H	K	L	M	N	K
R	B	A	N	M	E	L	D	U	N	G	B	L
Ü	A	U	D	T	R	N	T	R	E	N	V	A
F	S	E	S	V	G	H	G	T	F	U	C	R
U	D	W	C	N	E	N	R	L	B	N	X	H
N	F	R	H	G	B	M	E	P	G	H	Y	E
G	T	T	A	F	N	R	D	H	H	Ö	S	I
E	R	F	F	D	I	E	S	N	M	W	A	T
R	A	E	T	A	S	W	A	U	K	T	E	R

5

Begrüßung

Das Alphabet beherrschen

1

Fehlende Buchstaben: **E, I, P, S, T, Z**
Lösungswort: **S P I T Z E**

2

c	d	e	f	s	t	u	v
i	j	k	l	e	f	g	h
n	o	p	q	v	w	x	y

3

Bundesländer: Baden-Württemberg, Bayern, Berlin, Brandenburg, Bremen, Hamburg, Hessen, Mecklenburg-Vorpommern, Niedersachsen, Nordrhein-Westfalen, Rheinland-Pfalz, Saarland, Sachsen, Sachsen-Anhalt, Schleswig-Holstein, Thüringen

4

Hauptstädte: Berlin, Bremen, Dresden, Düsseldorf, Erfurt, Hamburg, Hannover, Kiel, Magdeburg, Mainz, München, Potsdam, Saarbrücken, Stuttgart, Schwerin, Wiesbaden

5

Wo regnet es mehr – in Bayern oder in Brandenburg? (In Brandenburg fallen etwa 600 mm/m², in Bayern etwa 940 mm/m² Regen.)

Über das Wetter berichten

1

1. sonnig 2. leicht bewölkt 3. stark bewölkt 4. Schauer 5. Regen 6. Gewitter 7. Nebel

2

Deutschland heute

Norden Vor allem im Westen Niedersachsens und in Schleswig-Holstein gibt es heftigen **Regen** und teilweise **Gewitter** . In Mecklenburg- Vorpommern ist es meist trocken und oft **sonnig**. Die Höchstwerte liegen bei **23** bis **25** Grad.	**Westen** In Nordrhein-Westfalen und Hessen ist es **stark bewölkt** und zeitweise gibt es teils kräftigen **Regen**. Örtlich sind Sturmböen zu befürchten. In kurzen **sonnigen** Abschnitten werden nachmittags **20** bis **24** Grad gemessen.
Osten Hier ist es höchstens **leicht bewölkt** und vor allem in Berlin recht **sonnig** und meist trocken. Nur in Teilen Sachsen-Anhalts und Thüringens bilden sich einzelne **Schauer** oder **Gewitter**. Die Temperaturen erreichen **25** bis **29** Grad.	**Süden** Während es in Baden-Württemberg nur **leicht bewölkt** ist, kommt es in Bayern zu teils gewittrigen **Regen**güssen. Die Temperaturen erreichen am Nachmittag **22** bis **27** Grad.

3

Das Hoch „Emil“ weitet sich von den Azoren über Frankreich bis ins westliche Mitteleuropa aus. ~~Deshalb freuen wir uns sehr, Ihnen heute ein tolles Sommerwetter vorhersagen zu können~~. Der Tag beginnt freundlich und schon in den frühen Morgenstunden mit Sonnenschein. ~~Das ist doch wohl echt klasse, oder?~~ Nur stellenweise bilden sich ein paar Quellwolken, die sich aber im Verlauf des Vormittags auflösen. Nachmittag und Abend zeigen sich wolkenlos, die Temperaturen steigen von 15 auf 28 Grad. Der Wind weht schwach aus Südwest. ~~Also sollten Sie Ihre Badesachen packen, und dann ab zum Schwimmen!~~ Auch morgen bleibt es sommerlich warm. Der Sonntag bringt dann schließlich Sonne, Wolken, Schauer und Gewitter bei 24 Grad. ~~Es kann halt nicht immer nur schön sein~~. Am Montag ist es wechselhaft bei nur noch 21 Grad. ~~Es tut uns im Übrigen sehr leid, dass unsere Vorhersage von gestern nicht stimmte. Heute machen wir es besser.~~

Nomen erkennen

1

Folgende Aussagen sind richtig:

Nomen haben einen Artikel.	Nomen heißen auch Namenwörter oder Substantive.	Nomen beschreiben etwas, das man haben oder erleben kann (z. B. Glück).
Nomen können eine Nomenendung (**-heit**, **-keit**, **-ung**, **-nis**, **-tum**,**-schaft** oder **-tion**) haben.	Nomen beschreiben etwas, das man anfassen oder sehen kann.	Nomen können durch Pronomen ersetzt werden.

2

A	S	D	F	G	H	J	S	P	A	ß	S	K
S	T	R	A	N	D	K	O	R	B	L	C	Q
O	W	E	R	Z	T	U	N	I	O	P	H	Y
N	X	B	C	V	B	N	N	M	A	S	W	S
N	D	M	U	S	C	H	E	L	D	F	I	G
I	H	J	K	D	L	W	E	T	R	N	M	T
G	U	I	O	P	D	M	B	N	B	M	M	A
S	D	F	G	H	J	E	K	E	L	E	E	R
S	C	H	A	U	F	E	L	T	U	I	N	O
P	B	N	M	X	A	R	S	N	D	F	G	H
A	B	E	N	T	E	U	E	R	T	R	L	K

3

Wort	Kann ich es anfassen / sehen?	Kann ich es haben / erleben?	Hat das Wort eine Nomenendung?	Kann ich einen Artikel davorsetzen?	Nomen ja/nein
Meer	✓			✓ das	ja
Spaß		✓		✓ der	ja
Sonne	✓			✓ die	ja
Strandkorb	✓			✓ der	ja
schwimmen					nein
sonnig					nein
Muschel	✓			✓ die	ja
buddeln					nein
Schaufel	✓			✓ die	ja
Erlebnis		✓	✓	✓ das	ja
Abenteuer		✓		✓ das	ja

4

EINE **MAUS** UND EIN **ELEFANT** SIND AM **BADESTRAND**. DER **ELEFANT** STEIGT ZUERST INS **WASSER** UND STRAHLT VOR **FREUDE**, ALS ER IN DEN **WELLEN** PLANTSCHT. WÄHRENDDESSEN RENNT DIE KLEINE **MAUS** AUFGEREGT AM **UFER** AUF UND AB UND RUFT DEN **ELEFANTEN** MIT IHRER **PIEPSSTIMME**. SCHWERFÄLLIG TRABT DAS GROßE **TIER** AN **LAND**. „WAS SOLL DENN DIE **AUFREGUNG**?", FRAGT ER DIE **MAUS**. „ACH, ALLES IN **ORDNUNG**", ANTWORTET DIE **MAUS**. „DU KANNST WIEDER INS **MEER** GEHEN. ICH WOLLTE NUR KONTROLLIEREN, OB DU VIELLEICHT MEINE **BADEHOSE** ANHAST."

Verben

1

Grundform	gehen	wandern	fühlen	singen	fahren
ich	gehe	wandere	fühle	singe	fahre
du	gehst	wanderst	fühlst	singst	fährst
er/sie/es	geht	wandert	fühlt	singt	fährt
wir	gehen	wandern	fühlen	singen	fahren
ihr	geht	wandert	fühlt	singt	fahrt
sie	gehen	wandern	fühlen	singen	fahren

T	H	Ü	R	I	N	G	E	N
1	2	3	4	5	6	7	8	9

2

Du **gehst** gerne auf Schatzsuche? Dann **ist** das Bundesland Thüringen ein heißer Tipp für dich. Wenn du Glück hast, **findest** du in den Bächen nahe der Orte Schwarza und Katzhütte echtes Gold. Meistens **sieben** die Schatzsucher mit ihren Schüsseln aber nur kleine Goldkrümel aus dem Wasser. Im Jahr 2004 aber **hatte** ein Mann Glück. Er **fand** bei einem Spaziergang ein fast 10 Gramm schweres Stück Gold. Das **entspricht** in der Größe etwa einer 1-Cent-Münze. Seit 200 Jahren **gab** es in Deutschland keinen größeren Goldfund als diesen. Aber wer **weiß**? Vielleicht **wirst** als nächster Schatzsucher Erfolg **haben**.

3

Arbeit mit dem Wörterbuch

1

schenkt → schenken, fragt → fragen, bringt → bringen, antwortet → antworten, hilft → helfen, lindert → lindern, erkundigt → erkundigen, bekomme heraus → herausbekommen

2

der Flug → die Flüge, der Passagier → die Passagiere, die Flugbegleiterin → die Flugbegleiterinnen, der Mensch → die Menschen, der Wurm → die Würmer, der Boden → die Böden, die Frau → die Frauen, der Meter → die Meter

3

Flugreise	=	Flug	+	Reise
Startbahn	=	Start	+	Bahn
Gepäckwagen	=	Gepäck	+	Wagen
Fensterplatz	=	Fenster	+	Platz

4

~~die Verrenckung~~
verraten
~~sie veriet~~
sie verriet
~~verrahten~~
~~veraten~~
~~verrükkt~~
verrenken
der Verrückte
~~verreihsen~~
~~Vereisen~~
sie verreiste
das Versäumnis
verschieden
~~sie verseumte~~
~~verschihden~~
~~verschwänderisch~~
~~wir verschvenden~~
~~sie verschwant~~
verschwinden
~~verschwänderig~~
~~aus versehen~~
~~der Versant~~
~~versänden~~
er versicherte
sie versöhnen sich
~~sie verspätette sich~~
die Verspätung
verspäten
verständlich
~~der Verstannd~~
das Versprechen
verstauchen
~~das Verstek~~
verstecken

verraten, er verriet, der Verrat, der Verräter
verreisen, sie verreiste
verrenken, er verrenkte, die Verrenkung
verrückt, der Verrückte
der **Vers**, die Verse
versäumen, sie versäumte. das Versäumnis
verschieden
verschwenden, er verschwendete, die Verschwendung, verschwenderisch
verschwinden, sie verschwand, verschwunden
das **Versehen**, aus Versehen
versenden, der Versand
versetzen, die Versetzung
versichern, sie versicherte, die Versicherung
versöhnen, sie versöhnten sich
verspäten, er verspätete sich, die Verspätung
versprechen das Versprechen
der **Verstand**, das Verständnis, verständlich
verstauchen, er verstauchte
verstecken, das Versteck

Subjekt und Prädikat

1

a) z. B.: Das Ruhrgebiet liegt mitten in Nordrhein-Westfalen. b) z. B.: Früher gab es im Ruhrgebiet viele Bergwerke und Zechen. c) z. B.: Viele Zechen werden heute zu Museen, Theatern und Freizeitparks umgebaut.

2

~~Ich frage: „Wem?"~~	Ich frage: „Was geschieht?"	Das … ist ein Nomen oder Pronomen.
Das … ist immer ein Verb.	**Subjekt**	Das … steht bei Fragen am Satzanfang.
Ich frage: „Wer oder was?"	**Prädikat**	~~Das … ist immer ein Adjektiv.~~

3

Der Sage nach **verdanken** **wir** die Entdeckung der Steinkohle einem Jungen. **Dieser Junge** **hütete** die Schafe seiner Familie. **Die Schafe** **gruben** ein paar schwarze Steine aus. Weil es sehr kalt war, **entfachte** **er** ein Lagerfeuer. Abends **löschte** **der junge Hirte** das Feuer, indem er ein paar der gefundenen Steine darauflegte. Am nächsten Morgen **glühte** **das Feuer** zu seiner großen Überraschung immer noch. So **hatte** **der Junge** die Steinkohle **entdeckt**.

4

	Subjekt		Prädikat	
	richtig	falsch	richtig	falsch
1. Das Wappen von Nordrhein-Westfalen zeigt einen Fluss (den Rhein), ein springendes Pferd (das Westfalen-Ross) und die sogenannte lippische Rose.	[x]	[ ]	[ ]	[x]
2. Das Wappen wirkt sehr harmonisch.	[ ]	[x]	[x]	[ ]
3. Der Schein trügt aber.	[x]	[ ]	[x]	[ ]
4. Westfalen unterscheiden sich nämlich angeblich sehr von den Rheinländern.	[ ]	[x]	[x]	[ ]
5. Der Westfale gilt als pünktlich, zuverlässig, langsam und humorlos.	[x]	[ ]	[ ]	[x]
6. Dagegen zeichnet sich der Rheinländer angeblich durch Frohsinn, Unstetigkeit und Leichtlebigkeit aus.	[ ]	[x]	[x]	[ ]
7. Trotzdem fügten die britischen Besatzer die Gegensätze 1946 zu einem Bundesland zusammen.	[x]	[ ]	[ ]	[x]
8. Die Vereinigung erfolgte also nicht freiwillig.	[x]	[ ]	[x]	[ ]
9. Mittlerweile mögen die Menschen aber „ihr" NRW.	[ ]	[x]	[ ]	[x]

Adjektive

1

E	R	G	R	O	ß	S	T	U	W	E	I	T
P	W	A	S	L	D	F	C	G	H	J	K	O
T	I	B	F	R	I	S	C	H	N	E	L	L
I	L	A	U	T	A	E	H	K	O	L	E	A
E	D	N	M	T	M	G	B	Z	R	N	I	N
F	S	Ä	T	G	S	T	L	I	C	H	N	G

2

groß	größer	am größten
wild	wilder	am wildesten
laut	lauter	am lautesten
lieb	lieber	am liebsten
ängstlich	ängstlicher	am ängstlichsten
schnell	schneller	am schnellsten
lang	länger	am längsten
klein	kleiner	am kleinsten
weit	weiter	am weitesten
schön	schöner	am schönsten

3

hell – dunkel
arm – reich
sauber – dreckig/schmutzig
hungrig – satt
dünn – dick
alt – neu/jung

4

Der **hilfsbereite** Bauer Huber sagt zu seinem **neuen** Urlaubsgast: „Bei uns wird man morgens vom Hahn geweckt." Der Gast ist **überrascht** und entgegnet: „Das ist ja **praktisch**. Dann stellen Sie ihn bitte auf halb zehn."

ß oder ss?

1

„Regen Sie sich nicht auf!", sagt der Pilot, der mit dem Fallschirm auf dem Rücken durch das Flugzeug rennt. „Ich springe jetzt ab und hole Hilfe!"

2

Groß- und Kleinschreibung

1

Lösung: BAHRMGU = HAMBURG

2

Die Stadt Hamburg wird von vielen Flüssen und Kanälen durchzogen. Der Hafen in Hamburg ist einer der größten Häfen Europas. Jährlich erfolgt hier das Verladen von ungefähr neun Millionen Containern.

3

Wort	Satzanfang	Nomen	Verben, die als Nomen gebraucht werden	Eigenname
Die	☒	☐	☐	☐
Stadt	☐	☒	☐	☐
Hamburg	☐	☐	☐	☒
Flüssen	☐	☒	☐	☐
Kanälen	☐	☒	☐	☐
Der	☒	☐	☐	☐
Hafen	☐	☒	☐	☐
Häfen	☐	☒	☐	☐
Europas	☐	☐	☐	☒
Jährlich	☒	☐	☐	☐
Verladen	☐	☐	☒	☐
Millionen	☐	☒	☐	☐
Containern	☐	☒	☐	☐

4

Kaum zu glauben, **a**ber **H**amburg hat 2496 **B**rücken und damit **m**ehr als Duis**b**urg, **V**enedig und London **z**usammen.

Akkusativ- und Dativobjekt

1

	Akkusativ		Dativ	
	ja	nein	ja	nein
Wen oder was gibt es auf der Welt nur einmal? – Das Wattenmeer.	☒	☐	☐	☒
Kein Dativ- oder Akkusativobjekt enthalten.	☐	☒	☐	☒
Wen oder was formen sie dadurch immer wieder neu? – Die Küste.	☒	☐	☐	☒
Wem dient das Watt als Lebensraum? – Nur bestimmten Tieren und spezialisierten Pflanzen.	☐	☒	☒	☐
Wen oder was schätzt der Austernfischer? – Diesen Lebensraum.	☒	☐	☐	☒
Wem dienen die Miesmuscheln als Nahrung? – Dem Austernfischer.	☐	☒	☒	☐
Wen oder was trägt der Austernfischer? – Den Spitznamen Halligstorch.	☒	☐	☐	☒

2

Die Hallig Oland hat **einen wunderschönen reetgedeckten Leuchtturm** (A) und **einen schönen kleinen Hafen** (A).
Langeneß besitzt **tolle Rad- und Inlinerwege** (A) und **eine regelmäßige Fährverbindung** (A).
Die Hallig Gröde dient **18 Einwohnern** (D) als Heimat. **Eine regelmäßige Schiffsanbindung zum Festland** (A) gibt es nicht.
Auf Nordstrandischmoor dient der Schulraum nicht nur **den Kindern** (D) zum Lernen, sondern er wird auch als Kirche genutzt.
Bei den 120 Einwohnern der Hallig Hooge verbringen jährlich viele Gäste **ihren Urlaub** (A).
Hooge besitzt die **älteste Halligkirche** (A) .

Eine Geschichte überarbeiten

1

Die Überschrift weckt die Neugier des Lesers. **Die Einleitung** erzählt kurz, worum es geht und wann und wo die Geschichte spielt. **Hauptteil mit Höhepunkt** Hier wird es immer spannender, bis der … der Geschichte erreicht ist. **Der Schlussteil** bringt die Erzählung zu einem guten, schlechten oder auch offenen Ende.

2

Schreibtipps	beachtet	nicht beachtet
Die Überschrift macht neugierig auf den Text.	☒	☐
In der Einleitung wird kurz erzählt, worum es geht und wann und wo die Geschichte spielt.	☒	☐
In der Geschichte werden unterschiedliche Satzanfänge benutzt.	☐	☒
In der Geschichte werden treffende Adjektive verwendet.	☐	☒
Es wird die wörtliche Rede eingesetzt.	☒	☐
Es werden unterschiedliche Verben für das Wort „sagen" benutzt.	☐	☒
Die Geschichte hat einen Schluss, der sie zu einem guten, schlechten oder offenen Ende bringt.	☒	☐

3

Lösungsbeispiel: Riesenwellen

Die kleine Maus und der große, graue Elefant sind gute Freunde, die zusammen viel unternehmen. An einem heißen Sommertag sagt die Maus zum Elefanten: „Was meinst du, hast du Lust, schwimmen zu gehen?" Der Elefant erwidert: „Na klar, lass uns schnell runter zum Fluss laufen." Fröhlich machen sie sich auf den Weg. Als sie am Fluss ankommen, ziehen sie ihre Badehosen an und stürzen sich ins Wasser. Der Elefant lobt die Maus: „Deine Idee, schwimmen zu gehen, war spitze. Ich liebe das Wasser." Eine Weile plantschen sie nebeneinander im Wasser herum. Die beiden toben so wild, dass die Maus fast untergeht. Sie ruft: „Wir beide machen vielleicht Riesenwellen, was?" Der Elefant hebt seine kleine Freundin lachend auf seinen Rücken und glücklich und zufrieden gehen sie gemeinsam nach Hause.

Pronomen

1

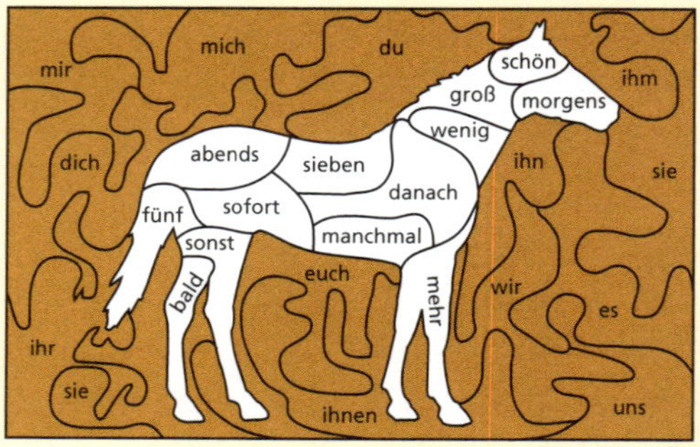

2

		Nominativ (1. Fall)	Dativ (3. Fall) Das Pferd gehört …	Akkusativ (4. Fall) Ich sehe …
SINGULAR	1. Person	ich	**mir**	**mich**
	2. Person	**du**	dir	**dich**
	3. Person männlich	er	**ihm**	**ihn**
	3. Person weiblich	**sie**	**ihr**	sie
	3. Person sächlich	es	ihm	**es**
PLURAL	1. Person	**wir**	uns	**uns**
	2. Person	ihr	**euch**	euch
	3. Person	**sie**	**ihnen**	sie

3

Texte lesen und verstehen 2

2

	P	**H**	**A**	**R**	**I**	**S**	**Ä**	**11**	**R**						
1.	N	O	R	D	S	7	R	A	N	D					
2.	F	3	I	E	9	E	N								
3.	P	A	12	T	O	R									
4.	A	L	K	O	1	O	L								
5.	K	A	F	F	E	22									
6.	J	A	H	20	H	U	N	D	15	R	T				
7.	N	6	R	D	D	E	U	T	18	C	H	L	A	N	D

	M	**A**	**U**	**21**	**T**	**A**	**9**	**C**	**H**	**E**	**N**			
1.	M	A	U	L	10	R	O	N	N					
2.	M	Ö	N	C	14	E								
3.	5	O	T	T										
4.	F	L	2	I	S	13	H							
5.	N	U	D	19	L	T	E	I	G					
6.	M	16	T	T	E	21	A	L	T	E	4			
7.	17	Ü	D	D	E	U	8	S	C	H	L	A	N	D

H	E	R	R	G	O	T	T	S	B	E	S	C	H	E	I	S	S	E	R	L	E
1	2	3	4	5	6	7	8	9	10	11	12	13	14	15	16	17	18	19	20	21	22

Redezeichen bei der wörtlichen Rede

1

Lösungswort: Berlin

2

A	S	D	F	G	E	H	J	K	L	P	O	E
W	B	M	S	P	F	R	A	G	E	N	I	R
E	F	N	A	W	E	R	K	T	Z	U	M	G
S	P	R	E	C	H	E	N	L	S	T	E	Ä
R	A	N	C	B	N	M	T	A	Ä	U	I	N
T	D	G	V	E	R	W	I	D	E	R	N	Z
D	S	V	E	R	M	U	T	E	N	S	E	E
A	S	T	A	N	T	W	O	R	T	E	N	N

3

Fröhlich weckt die Mutter am Morgen die Geschwister Lena und Benedikt: „Aufstehen, ihr Langschläfer! Papa und ich haben eine Überraschung für euch!" „Was denn für eine Überraschung?", **fragt Lena**. „Wir wollen zusammen vier Tage nach Berlin fahren", **erklärt Papa**. „Nach Berlin?", **fragen die Kinder. Lena und Benedikt freuen sich**: „Das wird ja eine spannende Reise. Wir möchten aber nicht nur von Museum zu Museum gezogen werden!" „Keine Sorge", **erwidert Papa schmunzelnd**. „Zumindest einmal werden wir auch Currywurst essen gehen. Die wurde nämlich in Berlin erfunden." **Mutter meint**: „Hier habe ich einen Reiseführer über die Stadt. Lest ihn doch gut durch, dann könnt ihr ja entscheiden, was ihr besichtigen wollt."

Redebegleitsatz / wörtliche Rede

4

Beispiel:

Lena fordert: „Also ich muss unbedingt in den Zoo, um das Eisbärbaby Knut zu sehen." „Ich möchte gerne die Gedächtniskirche besichtigen", wünscht sich die Mutter. „Ich habe gelesen, dass im Museum für Naturkunde ein Dinosaurier-Gerippe ausgestellt wird. Das würde mich echt interessieren!", erwidert Benedikt. Papa antwortet: „Ganz ehrlich, ich finde, das Bundeskanzleramt und die Berliner Mauer müssen wir auf jeden Fall sehen!"

Aus Verben und Adjektiven werden Nomen

2/3

Verben: rufen, brüten, streicheln, mitführen, klettern, füttern

Adjektive: neu, besonders, interessant

4

Das Verlassen der Wege ist im Vogelpark verboten.

Das Reiten auf den Ponys ist nur in Begleitung eines Erwachsenen erlaubt.

Das Überschreiten der Begrenzungen an den Tiergehegen ist verboten.

Das Füttern der Tiere ist bitte zu unterlassen.

5

st/St stehen
w/W Warten
b/B beginnt
b/B besuchen
t/T Tröten
a/A Anschauen
w/W Warten

Zeichensetzung

1

1. In Brandenburg gibt es viele komische Ortsnamen. Du könntest dort zum Beispiel in **Himmelpfort**, **Siehdichum**, **Wassersuppe**, **Kuhbier**, **Schweinrich** oder **Frauendorf** wohnen.
2. Auf den Speisekarten in Baden-Württemberg findest du Gerichte, die **Ofenschlupfer**, **Bubenspitzle**, **Knöpfle**, **Kracherle**, **Nonnenfürzle** oder **Schlosserbuben** heißen.

2

weil – dass – als – ob – nachdem – wenn – da – obwohl

3

Sicher ist dir aufgefallen, dass ein Gericht den Namen „Nonnenfürzle" trägt. **Vielleicht hast du dich gefragt**, ob Nonnenfürzle tatsächlich etwas mit Nonnen zu tun haben. **Der Name ist nicht entstanden**, weil Nonnen einmal zu viele Zwiebeln oder Bohnen gegessen hatten. **Nonnenfürzle heißen vielmehr so**, weil es sich dabei um von Nonnen hergestelltes Gebäck handelt. **Der Name könnte aber auch daher kommen**, dass die Teigballen pupsende Geräusche abgeben, wenn sie ins heiße Öl gegeben werden. **Hauptsatz** / Nebensatz

4

Um Nonnenfürzle herzustellen, **brauchst du 250 ml Milch, 80 g Butter, 20 g Zucker, 250 g Mehl, 6 Eier und eine Prise Salz**. **Koche zuerst die Milch mit Butter, Salz und Zucker in einem Topf auf**. **Gib dann das Mehl hinzu und rühre so lange**, bis sich der Teig vom Topfboden löst. **Nimm den Topf vom Herd**, damit das Ganze abkühlen kann. **Rühre mit einem Holzlöffel die Eier nacheinander unter den Teig**. **Hole nun einen normalen Löffel**, damit du kleine Kugeln abstechen kannst. **Backe diese im heißen Fett schwimmend goldgelb**. Da das Gebäck sehr fettig ist, **solltest du es zum Abtrocknen auf Küchenpapier legen**.
Die Nonnenfürzle sind besonders lecker, wenn du sie zum Schluss mit Puderzucker bestreust. **Dazu schmecken Apfelmus, Zimteis, Vanilleeis, Schlagsahne oder Himbeersoße**. **Hauptsatz** / Nebensatz

Adverbiale Bestimmungen

1

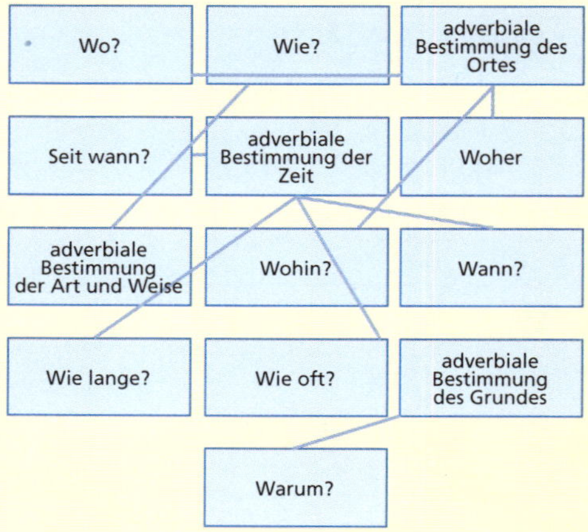

2

a) der Zeit **b)** des Ortes
c) der Art und Weise **d)** des Grundes
Falsch sind: **a)** rückwärts **b)** mit Entsetzen
c) gestern **d)** in Dresden

3

In Dresden, der Hauptstadt von Sachsen, stehen viele prunkvolle Gebäude, von denen viele **während des Zweiten Weltkrieges** fast völlig zerstört wurden. Erst **nach und nach** wurde die Stadt wiederaufgebaut. So ist etwa die Frauenkirche ein berühmtes Gebäude und **immer wieder** einen Besuch wert. **Während** ihres Baus wurden **zur Unterstützung** auch Tiere benötigt. So trugen Esel beim Errichten der Türme die schweren Steine über Rampen **nach oben**. **Deswegen** bekamen die Türme den Spitznamen „Eselstürme". Auch Hühner halfen beim Wiederaufbau der Kirche. **Unter Verwendung** von etwa 1000 ihrer Eier wurden die Farben zur Bemalung der Innenkuppe angerührt.

4

In der Nähe von Dresden/Dort/früher/hier/mit viel Fantasie/im Westen Nordamerikas/nie/in Amerika/in Radebeul/heute

Ein Selbstdiktat schreiben

1

1. Bundesland: Bayern
2. Bundesland: Mecklenburg-Vorpommern

1 **Lies dir den folgenden Witz gut durch und höre, ob bei den einzelnen Wörtern der Vokal lang oder kurz klingt. Unterstreiche die kurzen Vokale rot und die langen Vokale schwarz.**

„Regen Sie sich nicht auf!", sagt der Pilot, der mit dem Fallschirm auf dem Rücken durch das Flugzeug rennt. „Ich springe jetzt ab und hole Hilfe!"

2 **Löse das Kreuzworträtsel, indem du die Felder mit den entsprechenden Wörtern füllst. Überlege dir immer gut, ob die Wörter mit ß oder mit ss geschrieben werden.**

1. Ein Elefant hat einen …
2. Blumen musst du …
3. Vorsicht … Hund!
4. Ein Hase … gerne Möhren.
5. Mit dem … öffnest du die Haustür.
6. Ein … hat fünf Zehen.
7. Autos fahren auf der …
8. Könige wohnen in einem …
9. Der Rhein ist ein …
10. Elbe und Mosel sind ebenfalls …
11. nicht drinnen, sondern …
12. Das Gegenteil von sauer ist …
13. nicht schwarz, sondern …
14. Bier kann man aus einem … zapfen.
15. Das Gegenteil von klein ist …
16. Die Hasel … hat eine harte Schale.
17. Rätsel zu lösen, macht dir hoffentlich …
18. Das Gegenteil von trocken ist …
19. Vielleicht bekommst du abends einen Gutenacht …
20. Jetzt ist aber … mit diesem Rätsel.

Groß- oder Kleinschreibung

1 Kreuze nur die Aussagen an, die zutreffen. Wenn du die Buchstaben vor diesen Aussagen in die richtige Reihenfolge bringst, verraten sie dir, worum es auf den beiden folgenden Seiten geht.

B ☐ Nomen werden großgeschrieben.
A ☐ Der Beginn der wörtlichen Rede nach dem Doppelpunkt wird großgeschrieben.
S ☐ Adjektive werden grundsätzlich großgeschrieben.
H ☐ Satzanfänge werden großgeschrieben.
R ☐ Eigennamen werden großgeschrieben.
T ☐ In einem zusammengesetzten Nomen werden beide Wörter großgeschrieben.
T ☐ Verben werden immer großgeschrieben.
M ☐ Wenn Verben oder Adjektive einen Artikel haben (Substantivierungen), werden sie großgeschrieben.
G ☐ Anredepronomen in offiziellen oder höflichen Briefen werden großgeschrieben.
U ☐ Bei zusammengesetzten Nomen wird nur das Anfangswort großgeschrieben.
L ☐ Das letzte Wort in einem Satz wird immer großgeschrieben.

Lösung:

_______________________ = _______________________

(unsortierte Lösungsbuchstaben) (richtige Lösung)

2 Trenne die einzelnen Wörter in den folgenden Wörterschlangen durch Striche ab. Schreibe dann die Sätze auf die Linien darunter. Achte dabei auf die richtige Groß- und Kleinschreibung.

DIESTADTHAMBURGWIRDVONVIELENFLÜSSENUNDKANÄLENDURCHZOGEN.

____

____

____

DERHAFENINHAMBURGISTEINERDERGRÖßTENHÄFENEUROPAS.

____

____

____

JÄHRLICHERFOLGTHIERDASVERLADENVONUNGEFÄHRNEUNMILLIONENCONTAI

NERN. ____

____

____

3 **Übertrage alle Wörter, die du in Aufgabe 2 großgeschrieben hast, in die linke Spalte der Tabelle.**
Trage Wörter, die doppelt vorkommen, nur einmal ein.
Kreuze dann die Begründung an, warum sie großgeschrieben werden müssen.

Wort	Satz-anfang	Nomen	Verben oder Adjektive, die als Nomen gebraucht werden	Eigen-name
Die	☒	☐	☐	☐
	☐	☐	☐	☐
	☐	☐	☐	☐
	☐	☐	☐	☐
	☐	☐	☐	☐
	☐	☐	☐	☐
	☐	☐	☐	☐
	☐	☐	☐	☐
	☐	☐	☐	☐
	☐	☐	☐	☐
	☐	☐	☐	☐
	☐	☐	☐	☐
	☐	☐	☐	☐

4 **In den folgenden Text haben sich mehrere Fehler in der Groß- und Kleinschreibung eingeschlichen. Unterstreiche die falsch geschriebenen Wörter und schreibe sie jeweils richtig darüber.**

Kaum zu glauben, Aber hamburg hat 2496 brücken und damit Mehr als

DuisBurg, venedig und London Zusammen.

Akkusativ- und Dativobjekt

1 **Lies dir die folgenden Sätze gut durch. Kreuze an, ob sie ein Akkusativ- oder ein Dativobjekt enthalten. Wenn ja: Schreibe die entsprechende Frage auf die Linie unter jedem Satz und beantworte sie.**

	Akkusativ		Dativ	
	ja	nein	ja	nein
Das Wattenmeer gibt es auf der Welt nur einmal. *Wen oder was gibt es auf der Welt nur einmal?* *Das Wattenmeer.*	☒	☐	☐	☒
Ebbe und Flut wechseln sich ab.	☐	☐	☐	☐
Dadurch formen sie die Küste immer wieder neu.	☐	☐	☐	☐
Das Watt dient nur bestimmten Tieren und spezialisierten Pflanzen als Lebensraum.	☐	☐	☐	☐
Der Austernfischer, ein Vogel, schätzt diesen Lebensraum.	☐	☐	☐	☐
Die Miesmuscheln dienen ihm als Nahrung.	☐	☐	☐	☐
Der Austernfischer trägt den Spitznamen Halligstorch.	☐	☐	☐	☐

2 **Trage mithilfe der Karte die Objekte in den Lückentext ein. Untersuche, ob es sich um Akkusativobjekte oder um Dativobjekte handelt. Kennzeichne Akkusativobjekte mit einem (A), Dativobjekte mit einem (D).**

Auf der ganzen Welt gibt es nur 10 Halligen. Diese finden wir weit oben im Norden von Deutschland.

Die Hallig Oland hat ______________________________(____) und ______

______________________________(____).

Langeneß besitzt ______________________________(___) und

______________________________(____).

Die Hallig Gröde dient ____________________(___) als Heimat.

______________________________(____) gibt es nicht.

Auf Nordstrandischmoor dient der Schulraum nicht nur ____________________

(____) zum Lernen, sondern er wird auch als Kirche genutzt.

Bei den 120 Einwohnern der Hallig Hooge verbringen jährlich viele Gäste

____________________(____). Hooge besitzt die ____________________

____________(____).

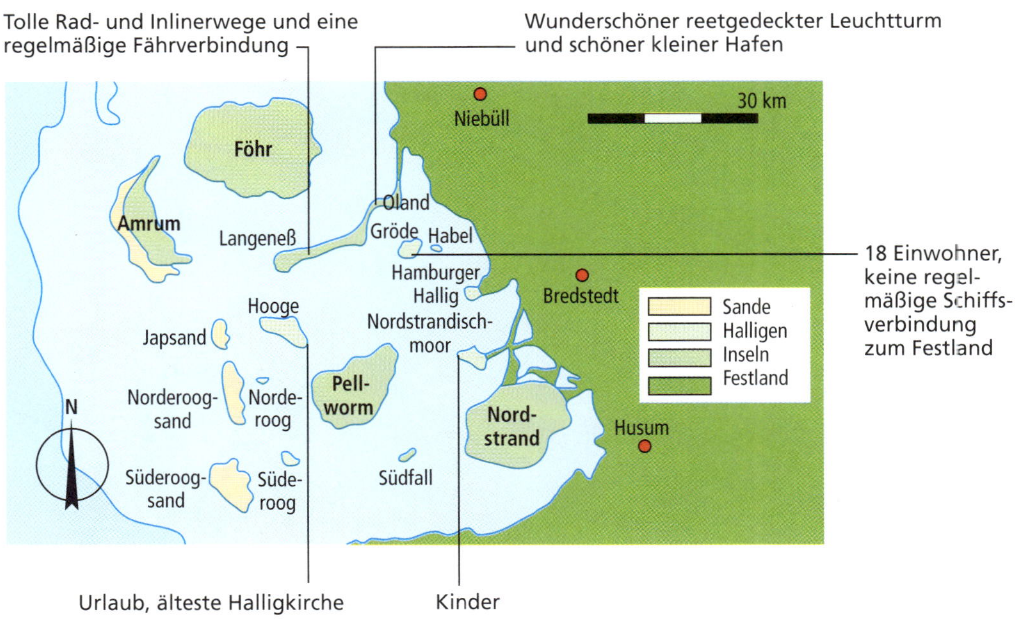

Eine Geschichte überarbeiten

1 **Wie du weißt, besteht jede Erzählung aus vier Teilen. Verbinde die Bezeichnungen dieser Teile jeweils mit der richtigen Erklärung.**

Die Überschrift	*bringt die Erzählung zu einem guten, schlechten oder auch offenen Ende.*
Die Einleitung	*Hier wird es immer spannender, bis der ... der Geschichte erreicht ist.*
Hauptteil mit Höhepunkt	*weckt die Neugier des Lesers.*
Der Schlussteil	*erzählt kurz, worum es geht und wann und wo die Geschichte spielt.*

2 **Lies dir die folgende Geschichte mehrmals gut durch.**
Kreuze dann in der Tabelle auf der nächsten Seite an, welche Schreibtipps beachtet und welche nicht beachtet worden sind.

Riesenwellen

Die Maus und der Elefant sind gute Freunde, die zusammen viel unternehmen. An einem Sommertag sagt die Maus zum Elefanten: „Was meinst du, hast du Lust, schwimmen zu gehen?" Der Elefant sagt: „Na klar, lass uns runter zum Fluss laufen." Dann machen sie sich auf den Weg. Dann kommen sie am Fluss an, ziehen ihre Badehosen an und stürzen sich ins Wasser. Der Elefant sagt: „Deine Idee, schwimmen zu gehen, war spitze. Ich liebe das Wasser."

Dann plantschen sie eine Weile nebeneinander im Wasser herum. Sie toben so wild, dass die Maus fast untergeht. Die Maus sagt: „Wir beide machen vielleicht Riesenwellen, was?" Dann hebt sie der Elefant lachend auf den Rücken und sie gehen gemeinsam nach Hause.

Schreibtipps	beachtet	nicht beachtet
Die Überschrift macht neugierig auf den Text.	☐	☐
In der Einleitung wird kurz erzählt, worum es geht und wann und wo die Geschichte spielt.	☐	☐
In der Geschichte werden unterschiedliche Satzanfänge benutzt.	☐	☐
In der Geschichte werden treffende Adjektive verwendet.	☐	☐
Es wird die wörtliche Rede eingesetzt.	☐	☐
Es werden unterschiedliche Verben für das Wort „sagen“ benutzt.	☐	☐
Die Geschichte hat einen Schluss, der sie zu einem guten, schlechten oder offenen Ende bringt.	☐	☐

3 **Nun bist du an der Reihe. Sieh dir genau an, welche Schreibtipps nicht beachtet worden sind. Überarbeite die Geschichte und schreibe sie so auf, dass alle Tipps beachtet werden.**

1 Male alle Felder, in denen ein Personalpronomen (Fürwort) steht, mit einem Buntstift in einer Farbe deiner Wahl an. Die anderen Felder bleiben weiß.

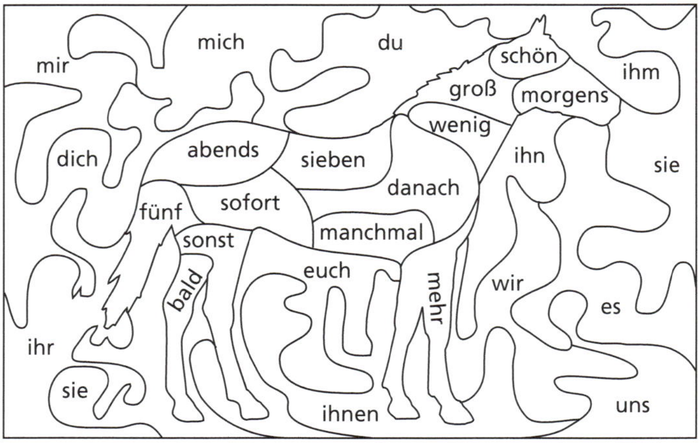

2 Ergänze die Tabelle mit den Personalpronomen aus Aufgabe 1.

		Nominativ (1. Fall)	Dativ (3. Fall) Das Pferd gehört …	Akkusativ (4. Fall) Ich sehe …
SINGULAR	1. Person	ich		
	2. Person		dir	
	3. Person männlich	er		
	3. Person weiblich			sie
	3. Person sächlich	es	ihm	
PLURAL	1. Person		uns	
	2. Person	ihr		euch
	3. Person			sie

3 Trage die fehlenden Possessivpronomen (besitzanzeigende Fürwörter) in die entsprechenden Felder des Gitters. Die Anfangsbuchstaben helfen dir.

1. Timo erzählt, dass s______ Eltern und er in einer alten Windmühle wohnen.
2. Die Niedersachsen mögen i_____ weltgrößtes Schützenfest, das jährlich hier stattfindet.

3. Fragt ein Niedersachse den anderen: „Wie ging noch mal d_____ lustiger Ostfriesenwitz?“

4. Wenn du d________ Urlaub auf einer ostfriesischen Insel verbringst, kannst du jeden Tag in der Nordsee baden.

5. Moritz aus Bayern fragt: „Und auf e_______ niedersächsischen Bauernhöfen gibt es wirklich 87 000 Pferde?“

6. In diesem Bundesland mästen die Bauern außerdem jährlich i_____ 8 Millionen Schweine.

7. In der Lüneburger Heide ziehen Schäfer mit i______ Tieren über die Wiesen.

8. Ein Niedersachse erzählt: „M_____ Haus steht am Deich. Ich kann direkt auf die Schafe schauen.“

9. Eine Reiseleiterin informiert die Touristen: „Die Weser ist u_______ längster Fluss.“

10. Elena meint: „U_______ nächsten Urlaub möchte ich wieder in Cuxhaven verbringen.“

11. Der schiefste Kirchturm der Welt steht in Suurhusen. Der Grund für s_____ Schräglage ist das Fundament.

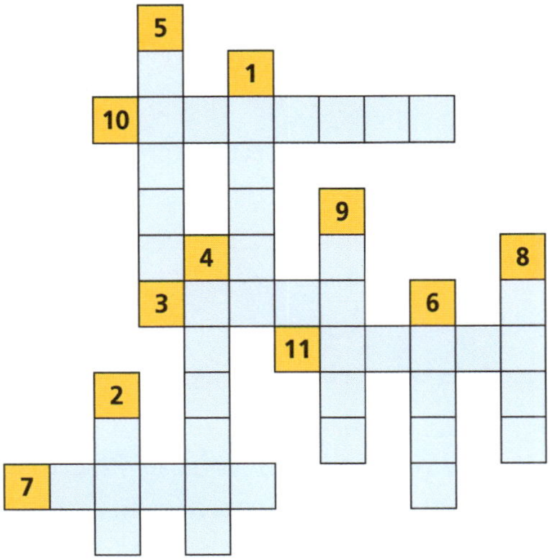

Texte lesen und verstehen 2

1 **Auf dieser Seite sind zwei Geschichten vermischt worden. Die eine handelt vom Pharisäer, einem norddeutschen Getränk, die andere von einer süddeutschen Speise namens Maultaschen. Unterstreiche alle Sätze mit Rot, die zum Pharisäer-Text gehören, und mit Blau alle Maultaschen-Sätze.**

Julius, Emilia und ihre Eltern verbringen den Urlaub auf der Nordseeinsel Föhr. Beim Bummel durch die Stadt entdeckt Julius ein Plakat: „Papa, was ist denn ein Pharisäer?", fragt er. Maultaschen kommen aus Süddeutschland und sollen im Mittelalter entstanden sein. Sein Vater antwortet: „Ein Pharisäer ist ein starker Kaffee mit etwas braunem Rum, also Alkohol, Würfelzucker und Schlagsahne obendrauf." Julius wundert sich: „Und warum heißt der Kaffee Pharisäer?" Es wird erzählt, dass damals Mönche von einem befreundeten Bauern ein Stück Fleisch geschenkt bekamen. Leider geschah dies gerade in der Fastenzeit, in der es den Mönchen verboten war, Fleisch zu essen. „Entstanden ist der Pharisäer im 19. Jahrhundert auf der Insel Nordstrand, hier in Norddeutschland. Hier amtierte ein besonders strenger Pastor und die Friesen waren es gewohnt, in seiner Gegenwart nur Kaffee zu trinken.", erklärt sein Vater. „Damit ist doch Kaffee ohne Rum gemeint, oder?", erkundigt sich Emilia. Da sie aber arm und hungrig waren und das Fleisch nicht schlecht werden sollte, ließen sie sich Folgendes einfallen: Sie hackten das Fleisch klein und vermischten es mit Brotresten und Gemüse aus ihrem Klostergarten, nämlich Spinat, Zwiebeln und Petersilie. Der Vater sagt: „Na klar, aber bei der Taufe eines Kindes bedienten sich die Friesen dann eines Tricks und bereiteten den Kaffee mit Rum zu. Die Sahnehaube verhinderte dabei, dass der Rum im heißen Kaffee verdunstete und es nach Alkohol roch. Selbstverständlich bekam der Pastor stets normalen Kaffee." „Bestimmt hat der Pastor aber doch etwas gemerkt, oder?", ahnt Julius. Um ganz sicher zu gehen, dass Gott den Trick auch nicht durchschaute, umhüllten sie den Fleisch-Gemüse-Brei mit Nudelteig. „Allerdings, und als er versehentlich die falsche Tasse erwischte, rief er laut: ‚Oh, ihr Pharisäer!' Das war ein Schimpfwort für Schwindler aus früheren Zeiten. Somit hatte der Kaffee seinen Namen und ist seitdem das Nationalgetränk der Friesen", berichtet ihr Vater weiter. Und zu guter Letzt ließen sie die Nudeln noch in Gemüsebrühe schwimmen. Das Kloster Maulbronn, in dem die Mönche lebten, gab den gefüllten Nudeltaschen schließlich ihren Namen. „Auch wenn ihr jetzt wisst, was ein Pharisäer ist, probieren dürft ihr ihn aber trotzdem nicht!", meint schmunzelnd die Mutter der Kinder.

2 **In diesem Rätsel geht es um dein Wissen über Pharisäer und Maultaschen. Trage mithilfe der sortierten Geschichten aus Aufgabe 1 die Antworten richtig ein. Das Lösungswort ergibt ein anderes Wort für Maultaschen.**

Frage	Antwort	P	H	A	R	I	S	Ä	11	R						
1. Wo geschah der Betrug?	Er geschah auf der Insel …						7									
2. Wer waren die „Täter"?	Es waren die …		3			9										
3. Wer sollte hinters Licht geführt werden?	Hinters Licht geführt werden sollte der …			12												
4. Was sollte versteckt werden?	Versteckt werden sollte Rum, also …					1										
5. Worin sollte etwas versteckt werden?	Versteckt werden sollte etwas in …						22									
6. Wann geschah der Betrug?	Der Betrug geschah im 19. …				20					15						
7. In welchem Teil Deutschlands geschah der Betrug?	Er geschah in …		6							18						

Frage	Antwort	M	A	U	L	T	A	9	C	H	E	N			
1. Wo geschah der Betrug?	Er geschah im Kloster …					10									
2. Wer waren die „Täter"?	Es waren die …					14									
3. Wer sollte hinters Licht geführt werden?	Hinters Licht geführt werden sollte …	5													
4. Was sollte versteckt werden?	Versteckt werden sollte …			2			13								
5. Worin sollte etwas versteckt werden?	Versteckt werden sollte etwas in …				19										
6. Wann geschah der Betrug?	Der Betrug geschah im …		16				21					4			
7. In welchem Teil Deutschlands geschah der Betrug?	Er geschah in …	17						8							

1	2	3	4	5	6	7	8	9	10	11	12	13	14	15	16	17	18	19	20	21	22

Redezeichen bei der wörtlichen Rede

1 Lies dir die folgenden Regeln für die wörtliche Rede gut durch. Nicht alle sind richtig. Kreuze die korrekten Regeln an. Die Buchstaben vor dem Kästchen sagen dir, worum es auf diesen beiden Seiten geht.

T	☐	Nach einem Fragezeichen stehen keine Anführungszeichen.
B	☐	Wenn der Redebegleitsatz vorn steht, folgen ein Doppelpunkt und die Anführungszeichen unten.
E	☐	Die Anführungszeichen am Ende der wörtlichen Rede stehen immer oben.
S	☐	Die Anführungszeichen stehen grundsätzlich oben.
R	☐	Nur wenn der Begleitsatz vor der wörtlichen Rede steht, wird ein Doppelpunkt gesetzt.
K	☐	Nach dem Doppelpunkt und den Anführungszeichen schreibt man klein.
L	☐	Ist der Redebegleitsatz nachgestellt und handelt es sich bei der wörtlichen Rede um einen Aussagesatz, so fällt der Punkt am Ende der wörtlichen Rede weg.
I	☐	Der Redebegleitsatz kann vorn stehen, eingeschoben oder nachgestellt sein.
N	☐	Im Redebegleitsatz steht oft ein Verb aus dem Wortfeld sagen, fühlen oder denken.

Lösungswort: ___ ___ ___ ___ ___ ___

2 Hier verstecken sich 9 Wörter aus dem Wortfeld „sagen". Suche sie und markiere sie mit einem Buntstift in einer Farbe deiner Wahl.

A	S	D	F	G	E	H	J	K	L	P	O	E
W	B	M	S	P	F	R	A	G	E	N	I	R
E	F	N	A	W	E	R	K	T	Z	U	M	G
S	P	R	E	C	H	E	N	L	S	T	E	Ä
R	A	N	C	B	N	M	T	A	Ä	U	I	N
T	D	G	V	E	R	W	I	D	E	R	N	Z
D	S	V	E	R	M	U	T	E	N	S	E	E
A	S	T	A	N	T	W	O	R	T	E	N	N

3 Lies dir den folgenden Text gut durch. Unterstreiche den Redebegleitsatz und die wörtliche Rede mit unterschiedlichen Farben. Setze dann die Redezeichen in die entsprechenden Kästchen.

Fröhlich weckt die Mutter am Morgen die Geschwister Lena und Benedikt □
□ Aufstehen, ihr Langschläfer! Papa und ich haben eine Überraschung für euch □
□□ Was denn für eine Überraschung □□□ fragt Lena.
□ Wir wollen zusammen vier Tage nach Berlin fahren □□ erklärt Papa.
□ Nach Berlin □□□ fragen die Kinder.
Lena und Benedikt freuen sich □□ Das wird ja eine spannende Reise. Wir möchten aber nicht nur von Museum zu Museum gezogen werden □□
□ Keine Sorge □□ erwidert Papa schmunzelnd. □ Zumindest einmal werden wir auch Currywurst essen gehen. Die wurde nämlich in Berlin erfunden □□
Mutter meint □□ Hier habe ich einen Reiseführer über die Stadt. Lest ihn doch gut durch, dann könnt ihr ja entscheiden, was ihr besichtigen wollt □□

4 In den Sprechblasen kannst du lesen, was Lena, Benedikt und ihre Eltern gern besichtigen würden. Schreibe mithilfe dieser Wünsche auf ein Blatt Papier vier Sätze, in denen die wörtliche Rede vorkommt.

Aus Verben und Adjektiven werden Nomen

1 **Folgende Hinweisschilder haben Lukas und Leonie bei ihrem Besuch im Zoo entdeckt. Lies sie dir gut durch.**

Bitte haben Sie Verständnis für dieses leere Gehege. Hier entsteht etwas Neues.

Das laute Rufen im Vogelpark stört die Vögel beim Brüten und ist deshalb zu unterlassen!

Das Streicheln der Tiere im Streichelzoo ist erwünscht.

Das Mitführen von Hunden ist auf dem gesamten Gelände untersagt.

Im Klettern sind die Affen spitze!

Das Besondere am Löwengehege ist die Funktion der Futterklappe.

Auch hier bei den Giraffen gibt es Interessantes zu entdecken.

Das Füttern der Elefanten erfolgt um 16.00 Uhr.

2 **Unterstreiche in den Hinweisschildern alle Verben, die als Nomen gebraucht werden, und schreibe sie auf die Linien.**

3 **Unterstreiche ebenfalls die Adjektive, die als Nomen gebraucht werden, und schreibe sie auf.**

4 **Entwirf mithilfe der folgenden Sätze eigene Hinweisschilder, in denen Verben als Nomen gebraucht werden.**

Im Vogelpark darf man die Wege nicht verlassen.

Die Ponys dürfen nur in Begleitung eines Erwachsenen geritten werden.

Die Begrenzungen an den Tiergehegen dürfen nicht überschritten werden.

Die Zoobesucher werden gebeten, die Tiere nicht zu füttern.

5 **Entscheide, wie die Wörter geschrieben werden. Setze den am linken Rand angegebenen großen oder kleinen Buchstaben ein.**

st / St Voller Ungeduld ____ ehen Titus und Maria in der langen Warteschlange an der Zookasse.

w / W Das ____ arten macht ihnen keinen Spaß.

b / B Endlich sind sie an der Reihe und der Zoobesuch ____ eginnt.

b / B Zunächst ____ esuchen die beiden Kinder Titus' Lieblingstiere – die Elefanten.

t / T Maria bekommt beim lauten ____ röten der Elefanten einen Schreck.

a / A Nach dem ____ nschauen vieler weiterer Tiere sind die Kinder müde.

w / W Titus und Maria sind sich einig. Das lange ____ arten am Anfang hat sich gelohnt.

1 **Vervollständige die Sätze. Trenne die Aufzählungen durch Kommas.**

Ortsnamen:	*Gerichte:*
Himmelpfort	*Ofenschlupfer*
Siehdichum	*Bubenspitzle*
Wassersuppe	*Knöpfle*
Kuhbier	*Kracherle*
Schweinrich	*Nonnenfürzle*
Frauendorf	*Schlosserbuben*

1. In Brandenburg gibt es viele komische Ortsnamen. Du könntest dort zum Beispiel in ______________________________

____

______________ oder ______________ wohnen.

2. Auf den Speisekarten in Baden-Württemberg findest du Gerichte, die

____

____

____

______________ oder ______________ heißen.

2 **In dieser Wörterschlange verstecken sich Wörter, die einen Nebensatz einleiten können. Trenne die einzelnen Wörter durch Striche ab und schreibe sie auf die Linien darunter.**

W E I L D A S S A L S O B N A C H D E M W E N N D A O B W O H L

____

____

____

3 **Unterstreiche in jedem der folgenden Sätze den Haupt- und den Nebensatz in unterschiedlichen Farben. Setze danach die Kommas.**

Achtung: Ein Satz hat mehr als einen Nebensatz!

Sicher ist dir aufgefallen dass ein Gericht den Namen „Nonnenfürzle" trägt.
Vielleicht hast du dich gefragt ob Nonnenfürzle tatsächlich etwas mit Nonnen zu tun haben.
Der Name ist nicht entstanden weil Nonnen einmal zu viele Zwiebeln oder Bohnen gegessen hatten.
Nonnenfürzle heißen vielmehr so weil es sich dabei um von Nonnen hergestelltes Gebäck handelt.
Der Name könnte aber auch daher kommen dass die Teigballen pupsende Geräusche abgeben wenn sie ins heiße Öl gegeben werden.

4 **Lies dir das folgende Rezept von den Nonnenfürzlen gut durch. Unterstreiche alle Aufzählungen, Haupt- und Nebensätze in unterschiedlichen Farben deiner Wahl. Setze dann die Kommas.**

→ *Um Nonnenfürzle herzustellen brauchst du 250 ml Milch 80 g Butter 20 g Zucker 250 g Mehl 6 Eier und eine Prise Salz.*

→ *Koche zuerst die Milch mit Butter Salz und Zucker in einem Topf auf.*

→ *Gib dann das Mehl hinzu und rühre so lange bis sich der Teig vom Topfboden löst.*

→ *Nimm den Topf vom Herd damit das Ganze abkühlen kann.*

→ *Rühre mit einem Holzlöffel die Eier nacheinander unter den Teig.*

→ *Hole nun einen Löffel damit du kleine Kugeln abstechen kannst.*

→ *Backe diese im heißen Fett schwimmend goldgelb.*

→ *Da das Gebäck sehr fettig ist solltest du es zum Abtrocknen auf Küchenpapier legen.*

→ *Die Nonnenfürzle sind besonders lecker wenn du sie zum Schluss mit Puderzucker bestreust. Dazu schmecken Apfelmus Zimteis Vanilleeis Schlagsahne oder Himbeersoße.*

Adverbiale Bestimmungen

1 **Mit welcher Frage erfragst du welche adverbiale Bestimmung? Verbinde.**

Wo?	Wie?	adverbiale Bestimmung des Ortes
Seit wann?	adverbiale Bestimmung der Zeit	Woher?
adverbiale Bestimmung der Art und Weise	Wohin?	Wann?
Wie lange?	Wie oft	adverbiale Bestimmung des Grundes
	Warum?	

2 **Hier sind die verschiedenen adverbialen Bestimmungen zusammengestellt. Schreibe die richtigen Bezeichnungen auf die Linien. Achtung: In jeder Reihe ist eine adverbiale Bestimmung falsch. Streiche diese durch.**

a) adverbiale Bestimmungen der ____________________

in den Ferien – heute Mittag – mitten in der Nacht – jetzt – rückwärts – fünf Minuten

b) adverbiale Bestimmungen des ____________________

mit Entsetzen – in Leipzig – im Museum – hier – draußen – im Garten – dort

c) adverbiale Bestimmungen der ____________________

kopfüber – freiwillig – fleißig – unermüdlich – gestern – rückwärts – umständlich – gerne

d) adverbiale Bestimmungen des ____________________

vor lauter Freude – wegen der Hitze – aus Rache – in Dresden – wegen seiner Erkältung

3 Setze die folgenden adverbialen Bestimmungen in den Lückentext unten.

nach oben	Unter Verwendung	während des Zweiten Weltkrieges
nach und nach	In Dresden	zur Unterstützung
Während	Deswegen	immer wieder

__________________, der Hauptstadt von Sachsen, stehen viele prunkvolle Gebäude, von denen viele __________________ fast völlig zerstört wurden. Erst __________________ wurde die Stadt wiederaufgebaut. So ist etwa die Frauenkirche ein berühmtes Gebäude und __________________ einen Besuch wert. __________________ ihres Baus wurden __________________ auch Tiere benötigt. So trugen Esel beim Errichten der Türme die schweren Steine über Rampen __________________ . __________________ bekamen die Türme den Spitznamen „Eselstürme". Auch Hühner halfen beim Wiederaufbau der Kirche. __________________ von etwa 1 000 Eiern wurden die Farben zur Bemalung der Innenkuppel angerührt.

4 Unterstreiche im folgenden Text alle adverbialen Bestimmungen.
Tipp: Es sind 10 adverbiale Bestimmungen zu finden.

In der Nähe von Dresden liegt die Stadt Radebeul. Dort lebte früher der Schriftsteller Karl May. Er hat hier mit viel Fantasie die Indianergeschichten von Winnetou und Old Shatterhand verfasst. Diese spielen im Westen Nordamerikas. Karl May selbst ist aber nie in Amerika gewesen. Seine „Villa Shatterhand" in Radebeul beherbergt heute ein Museum.

Ein Selbstdiktat schreiben

1 Lies zuerst den ganzen Text. Lies dann den ersten Satz und merke ihn dir gut. Decke den Satz ab und schreibe ihn aus dem Gedächtnis auf die Schreiblinien. Mache es anschließend ebenso mit allen anderen Sätzen. Wenn du fertig bist, darfst du vergleichen. Solltest du Fehler finden, verbessere sie. Weißt du, welche Bundesländer hier gesucht werden?

Das erste gesuchte Bundesland ist so groß wie ungefähr 9,6 Millionen Fußballfelder. Damit ist es das größte Bundesland Deutschlands. Jedes Jahr im Herbst findet in der Landeshauptstadt das Oktoberfest statt. Dies ist das größte Volksfest der Welt. Zu der Bergkette im Süden des Bundeslandes gehört die Zugspitze. Die Zugspitze ist der höchste Berg Deutschlands.

Das zweite gesuchte Bundesland wird auch die größte Badewanne Deutschlands genannt. Es ist das wasserreichste Bundesland. Hier gibt es über 2 000 Seen. Im Norden des Landes kannst du in der Ostsee baden. Die Küste ist insgesamt über 350 Kilometer lang. Im Herbst landen hier 40 000 Kraniche, um sich auf den Feldern satt zu fressen.